Ligdraer van hart

Heleen Bruwer

Malherbe Uitgewers Publikasie

Outeur: Heleen Bruwer
Voorbladontwerp: Heleen Bruwer

Geset in Franklin Gothic Book 12pt

Alle regte voorbehou
Kopiereg ©Heleen Bruwer
ISBN 978-1-997443-02-5
Eerste Uitgawe 2025

Gedigte

Hart

Jy is die beeld
van 'n vrye hart...
'n ver weg droom

'n split sekonde deel
van my denke...
my vrugbare kreatiwiteit

In leen tyd wat vir ons gegee is
wil ek jou optel as jy val
styf vashou as jy uit mekaar breek

die lewenspad saam jou sien
ervaar tot binne in my siel...
dat as jy na my kyk, jy jou beeldskone self sal
    sien.

Kunswerk

Wat as ons na jare van skeiding
mekaar weer sal sien?
sal dit 'n "hol-kol" maag oomblik wees, of eerder
'n "fok-weg-van-my kyk?
die nuwe ek is anders
my hare het verlig veerlig
wyse kreukels het hul kom tuis maak
om my oë en mond...

tog het my oë meer wysheid
my hart het grensloos lief...
stil lê ek opgekrul vir net nog 'n
bietjie hitte van jou warm lyf

ons het op verskillende lewensreise
unieke kunswerke geword
gebuig, gebreek, spoeg en plak
ons heelword is anders...
...maar tog dieselfde.

Mag

Mag Hy jou skuiling teen
storms daar buite wees

mag jy tuis voel in Sy huis
toe gevou in Sy vrede

mag vergifnis aan jou eie
hart kom klop

mag deernis jou
drink-oase raak

mag toegeneentheid
en vrede jou hart volg tot in ewigheid.

Verlang

Jy laat my verlang na
hoog Desember somers
swart koffie en die geur
van plaas vars gebakte boere brood

verlange kompakteer my
vier hart kamers as die
Kalahari-somer-son
laat namiddag loom begin aand word

Jy laat my verlang na
neutmuskaat en gemmer koekies
wyl braaivleis vure vrolik knetter
en my vertel van ver-ver verlang.

Goedheid

Sy goedheid is genoeg vir beide van ons
Sy liefde kan nie aanlyn bestel word
Sy engele hou wakker-waak oor ons
dat ons saam met Hom beter leer van goedheid
guns
hê lief rojaal

Tot die lewe vir ons sin maak
Sy goedheid leer ons die vermoë
om die sleg te sien as 'n lewensles.

Vrede

Mag vrede jou hart kom vol sit
mag jy jouself lief hê en eerste stel
mag jy jouself verbeel dat jy
deur kontinente heen geliefd is

beminde gaan grou uit jou "wildgeid"
diep begrawe vir tien gebooie wat jou
nie kan vas hou
wees waagmoedig mal

'n vergete andersheid klou binne jou
haal dit uit, stof dit af
en leef jou JY wees.

Nostalgie

Nostalgie ruik neutmuskaat diep
dit neem jou na 'n ver weg onthou...
na mense sonder "sies"
na blomme, rooiwyn en stil samesyn
na woordelose gesprekke
wat met 'n kop knik verstaan word
diepe hunkering na stil-aarde gegrond
weg van wêreld gedruis
herlaai jou siele battery

tussen kaal swem in die dam

in Noord-Kaap sterre prag
tot alle seer maak woorde verdrink is
en jy opnuut besef: wees lief.

Tong

Jou seer-maak woorde
klankbord lelik terug
na my gewete-gemoed

onbenullighede wat nie sin maak
dwing my om te gaan grou vir my eie
siele-vrede troos woorde

jou afbreek woorde ego steeds
binne my...mag dit weg smelt
in die golwe van die son

verbrand tot as
wat as...

Bid

In my soeke na woorde om jou
dors te bevredig het ek besef
daar is nie meer veel
werkende werkwoorde oor
vloekwoorde helemaal te veel van wel...
temu, shein en take a lot
kan my ook nie hier help

dus gaan ek op ouer gardes raad
bid oor alles
het ek vrede? nee...dan bly ek
biddend tot my hart vrede kry
en ek jou suutjies stil kan neerlê
voor Sy grootheid en biddend smeek
Vader seën en salf.

Sekelmaan

Ek is dun gekerf nes
jy ou sekel maan
nerwe af dun

vir eers wil ek nie nou
my lig laat skyn
eers my einas troos tot
my hart laat beter voel

laag lê is vir nou
tot ek later op sal staan
vir my hart om weer volmaan
te skyn.

Trane

Gemiste emosies en woorde knaag aan jou siel
trane drup-drup op papier...
gewigtige trane emosie belaai
brand jou blou oë – seer brand rooi
jou trane soms smekend opsoek
na iemand daar buite vir insig begryp
trane word deel van geestelike groei
jou transformasie na die mooi nuwe jy.

Canvas

Elke dag is 'n nuwe
genade-vleklose canvas

fragmente van gister
egter nie vergete

jou hand hou die verf-kwas
alleen mandaat

verf jou dag met intensie
hoop en gebed

vandag, ja vandag
is jou CARPE DIEM.

Wat

wat as mure
vensters en jou
kussing dalk kon praat?

fyn besnaard petty-point woorde tapisserie
belaai met kinderlike
onskuldige eenvoud

onlosmaaklik skud jy die
gare van die lewe
behendig van jou af

jou vrede
jou rustende benadering
meer werd as gestorwe trane oor ander se
gerafelde seer.

Jy

Jy is
jy is 'n vrou
sterker as net oppervlakkige
leë woorde, vals kyke, halwe waarhede

Jy is 'n vrou
vas gevang in 'n raamwerk vol mooi
sorgelose sagtheid omring jou wese

Jy dra gevoelens ongemeet
liefde so diep
dat wat-ook-al jy aanraak transformeer

Jy is parfum-in-vlae
sy kalm in chaos
sy veilige hawe as hy soekend is na vrede-vreug

Jy is 'n berg Geduld
'n fontein vol sagtheid
jou siel staan vas in geloof

Jou menswees kan nie vas gepen word
geen skrywer kan jou vereer
jy is die epitoom van vol genade vrou.

Jas

Jou geloof jas dra jy
daagliks as jou wapenrusting
gepantser teen ander se geknakte harte
ander se seer wat nie joune is
jy hoef nie almal se "favourite" te wees
jy het jou doel en jas
jou geloof jas en my gebedskleed
saam is alle eer steeds net vir die Een.

Verlede

Ek en jy het beide
'n verlede vol guur -geite
vol trane, eina en seer

soms besoek ons self
die verlede om met
diepe dankbaarheid te besef

nederig kan ons
voort dans op die heerlikheid
van: "ons is duur gekoop."

Nuwe boek

Ingetrek by 'n hoofstuk wat
ek liefs wou vermy
jou lewensboek is nou finaal toe...
my nuwe hoofstuk boek het begin...

vind ek myself stoksinnig soek
in die donker na waar ons
twee se boekmerk is

jy het eens daar geleef, gelief, gedroom
nou begroet besmeerde snik-huil-krete
my met ope arms

leef jou droom my lief, fluister jy
ek wag vir jou by ons rooi posbus
binne-in is jou boekmerk vol mooi.

Groei

Huil was jou hart
vol van wêreldse kwale
jy veg in stilte
pyn sonder klag
huil, huil, huil
te lank het jy vas gehou
voor gehou...
jouself verloor.

Skaakmat

Lees jy mense soos
'n storieboek soos wat
hul energie met jou praat?
stilweg observeer
bedonnerd debatteer
stil-skaam bestudeer
veg of vlug...
is jy nou skaakmat?

Bloed

Groot lieg
bloed maak jou familie
ons deel DNA
maar die chromosoom
samestelling is herbedraad

God ken my hart en wese
my God gekose mense
reeds vir my uit gekies

hul lewens-leuse stem ooreen
hê lief en vertrou
wees lojaal en staan by
dra op in gebed.

Grond gebied

Woorde maal in my kop
deur mekaar by gevoeg
in 'n canned fruit bottel
die bottel wil-wil oor kook
vol van gatvolheid

dis 'n pad van self refleksie
vrede maak met vele oor vele-meer
bid vir groter grond gebied
geseënd in Sy naam.

Hoor

Jy word nie gehoor
vir dit waarvoor jy staan
retireer stilweg weg
vir jou eie harts-vrede halwe

stop om jouself
klein te maak
beweeg weg
waar jy geboks wil word

blom, floreer, skiet uit
wees jouself en
hê grenseloos lief.

Stilweg

Mag ek jou stilweg
met goeie gedagtes salf

mag ek vir jou
suutjies in my hart dra

mag ek my mooi-wees
vir jou alleen wys?

mag my liefde
die hart van jou huis raak

mag vrede nes in oertyd
jou lewensritme raak.

Geliefd

Mag jy weet jy is geliefd bemin
mag jy geborge wees in die wete
Hy het jou lief

as heimwee nostalgies
aan jou hart kom klop

wees vrede, wees vol lief
vir medemens maar meeste
vir jou eie self.

Verstaan

Jou spinnerak gedagtes
geraamtes vol stof ver verwyderd
van jou ware werklikheid

drome groter as die volmaan
droom net vir nou
droom vir 'n rukkie
uit gekerf vir jou eie onthou

volmaan sit hoog en glim
ja ou liefste maan
ek en jy sal die swart-nag se ekko's verstaan.

Voet

Vind 'n holte vir jou eie voet
voor die lewe en sy vieslik
jou kom pes potjie

skryf daardie lang "overdue" brief
maak daardie "call" al bewe jou
ingewande ruk-ruk

jy staan nie alleen in hierdie
kak hard gebakte wrede
wêreld nie

kyk fyn-bos om jou rond
Hy is daar

Hy sit langs jou in stilte
tot jou wildsbok hartklop bedaar

Sy hande uit gestrek na jou
vir daardie pootjie val.

Sag

Ek kan jou nie "fix"
nog minder wil ek
jou pyn myne maak

jou lig en my donker
tans aards-vyande
donderstorm bedonnerd

jou leuens, slinkse-stories
steek seer
kameeldoring diep seer

my inner menswees
marshmallow sag, nou
vuil getrap.

Sig

Ongetwyfeld is oud-word
nie vir almal beskore

neem dus gerus my hand
stap saam durf en daad die pad

baie gryser...
baie wyser...

dower, o ja
blinder, verseker

tog is my oë nie nutteloos
hul sien heelwat meer
as wat my hart ooit vertel.

Doel

Jy is 'n reisiger met 'n doel
jou lewenslesse word harts-lesse
jou siel leer groei in liefde
jy leer Sy heiligheid te eerbiedig
jy transformeer na ligdraer
in die hiernamaals.

Groei

Is jy gereed vir groei?
emosioneel sterk genoeg
vir menslike sandkorrel
irritasies soos 'n klippie
in jou gunsteling skoen

besef dit is deel van
jou dors-vloer proses
deel van groet en afstand
doen van baie sandkorrels
wat kom nes maak het

vir God is jy 'n nuwe pêrel
geskuur, geskaaf, blink gevryf
gereed om die naam
pêrel vir Sy kroon genoem te word.

Geur

Lourierblaar groen
belaai met smaak
loop hand-aan-hand
met ander kruie vir 'n
wen resep titel

gebeitel-breek vir geur
mag jy iewers op jou pad
besef jy gee steeds
kleur en geur

ander kyk dieper
lief meer
heel in hul eie "oubatori"

oor jy lief-mens
lourierblaar lief
met ope arms.

Stofpad

Stofstrate le oop en
ver-wyd vol vertroue

armoede het hul verraai
met 'n seer wat veel
dieper as net woorde lê

kinder harte vol opgewondenheid
ongekende verlange na stads avonture
hul ken net van kaalvoet loop
draadkar ry oor dorings en klip

besembos fluister fyn as
jy leer om stil te staan en
diep te luister

voor die warm karoo wind
die donkie-kar spoor wegwaai
en kinder lag weg sterf in die niet.

Hart

Mag Vader jou
teen Sy eie Vaderhart
vashou as jou trane
sout kibbels drup oor
jou wang.

Mag Vader jou
Sy eie uitgesoekte
"favourite" maak
dat jy kan ervaar hoe
dit voel om salig gelukkig
vrede vreug te hê.

Skatryk

Jy is skatryk
die dag is joune
skryf dit in jou hart

wanneer twyfel kom tee drink
haat vra vir advies
gooi dit by die deur uit
sluit dit buite toe

ja môre is nog 'n dag
in gees
leef vandag rykdom
vreugde-belaai.

Meester

Trauma is 'n belese meester
veral as dit kom by jou eie
hart, "fight or flight"

God se genesing bly
wonderbaar mooi
dit leer jou heel word

leer jou 'n sagte, onuitblusbare
gees in stilte hê
grensdenkende verskuiwings
'n vredes lewe.

Pos

Ek stuur vir jou my liefde
met die wit posduif
kyk raag fyn, jou pink lint
is om sy poot

in jou sabbatical tyd weg van my
(wat ek jou wel gun)
gevul met alles
tog ook niks

ons twee se liefde hoog-en-laag gety
soms by breekpunt "rockbottom" verby

lief ek jou in my agtergrond
klop my hart uit ritme vir jou
mis my gees jou nabyheid

op die stofpad na Betlehem
Sien ek die skitter ster
kyk mooi my lief, my liefde
vir jou sal in die ster helder skyn.

Binnekring

In jou binnekring
nodig jy Hom as 'n vriend
Hy herskryf jou storie

omvou en was jou verlede
met genade-water

pak dus jou "nou" aan met
durf-daad en moed
stap jou toekoms saam my
in 'n vaste versekering geloof.

Lewe

Lewe en dood
vreugde en trane
alles kom in twee
die lewe in geheel
is ewe veel goed, ewe veel sleg
jy kies die kant van jou balans
vreemdelinge wat vriende word
leringe van desperaat sag wees
veral met jouself.

Sirkel

God trek jou skaamteloos voor
help jou brûe bou
lig maak in die donker

jy veg van oorwinning
nie vir oorwinning
vind in Hom jou bondgenoot

terwyl die mis drip-drip
op die groen sink dak
wil ek vir jou vra

het jy die engele koor gehoor?

die nag om my is stil swart
ek verdwaal opsoek na jou
jy is nou in die wolke hemel
sit aan Sy regter kant.

Ore

Ek sê vir jou
"Achuisle mo chroi"
jy weier botweg
gejaagd sal jy nie leef
jou ore bly die baarmoeder
van jou siele-verstand-gemoed
wat jy na luister en joune maak
word jou saad wat jy saai
jou eie realiteit
so luister ragfyn.

Genoeg

Menslief wees sterk
weet wanneer is genoeg
nou vir altyd genoeg

mense om jou het jou
net lief vir hul eie belang
nie vir wie jy is as menslief

laat hul begaan beskonke
God ken jou hart-wil-wens
in Sy tyd gee Hy jou wat nodig is.

Denke

Jou denkwyse
kan nie met die druk
van 'n knop verander

dit neem opregte wilskrag
om te wil verander
vir die beter

moenie in jou transformasie
gaan soek na leë antwoorde
hol beloftes en geen begrip verstaan

jou unieke menswees
innerlike vrede is meer werd
as hul almal se "boggerol" verstaan.

Winter

Hergenereer, hiberneer
in wit winter koue nagte
opgekrul, gereed vir weer probeer

jy is nie minder as gister
ook nie meer as môre
net 'n glinstertjie hoop in 'n ver weg droom

jy hersoneer jouself met die
vaal winterson, oorgehaal
vir 'n weer probeer.

Emmer

Hou jou emmer trane naby
veral wanneer jou self geboude
damwal van hardegatgeit
finaal kraak en brokkel-breek

die knop in jou keel
opgeboude lewens angs
nêrens om heen te vlug behalwe
as 'n rou snik uit jou keel

skoongewas uiteindelik
witter as sneeu
verheerlik nou Sy naam.

Sien

Ek sien jou met my hart
vereer jou op papier
tog lei my pogings na niks
jou onvermoë om jou eie
mooi te sien verblind jou visie
steel jou mooi

my siel en gees wil graag
een wees met jou, diep dink
oor die lewe in geheel saam jou
bane verander oppad na mooi
jou liefhê vir my, maak my
hart oop vir meer

na maande van my eie ballingskap
gevangenskap haal ek uiteindelik
diep asem...
ek is vry!

www.ingramcontent.com/pod-product-compliance
Lightning Source LLC
Chambersburg PA
CBHW071745020426
42331CB00008B/2178